青少年运动技能等级标准与测试方法丛书

STSSL.CN
STANDARD TEST OF SPORT SKILL LEVEL

CSEA
CHINA SPORTS EDUCATION ALLIANCE

# 青少年篮球
# 运动技能等级标准与测试方法
## （第二版）

全国青少年运动技能等级标准研制组　组编

科 学 出 版 社
北 京

## 内 容 简 介

本书介绍了青少年篮球运动技能等级标准与测试方法，主要内容包括“测试场地、器材、设备及人员配备要求”“测试的总体要求”“各等级测试科目”“一～九级测试方法”。各级测试方法中规定了该级测试的科目、方法及要求、达标标准，并对测试过程中的要点辅以图示及说明。

本书可供国家及各级教育主管部门、体育主管部门，各级体育协会，体育院校及中小学校，社会性体育培训组织相关人员参考、使用。

**图书在版编目（CIP）数据**

青少年篮球运动技能等级标准与测试方法／全国青少年运动技能等级标准研制组组编. —2版. —北京：科学出版社，2020.5
（青少年运动技能等级标准与测试方法丛书）
ISBN 978-7-03-064952-2

Ⅰ. ①青… Ⅱ. ①全… Ⅲ. ①篮球运动－称号等级（体育）－标准②篮球运动－称号等级（体育）－测试方法 Ⅳ. ①G841

中国版本图书馆CIP数据核字(2020)第069274号

责任编辑：潘志坚　闵　捷／责任校对：谭宏宇
责任印制：黄晓鸣／封面设计：殷　靓

科学出版社 出版
北京东黄城根北街16号
邮政编码：100717
http://www.sciencep.com
常熟市人民印刷有限公司印刷
科学出版社发行　各地新华书店经销

*

2018年4月第　一　版　开本：B5（720×1 000）
2020年5月第　二　版　印张：4 3/4
2025年10月第十六次印刷　字数：71 100

**定价：60.00 元**

（如有印装质量问题，我社负责调换）

## “青少年运动技能等级标准与测试方法”丛书
## 专家指导委员会

（按姓氏笔画排序）

王培锟　叶玮玮　吉　宏　孙麒麟　吴　瑛　邱丕相　何志林
余丽桥　邵　斌　孟范生　梁文冲　虞定海　戴金彪

## 《青少年篮球运动技能等级标准与测试方法》
## （第二版）
## 编辑委员会

# 第二版丛书序

2018年4月，我国第一套涵盖11个运动项目的“青少年运动技能等级标准与测试方法”（以下简称“标准”）面向社会公开发布。同期，“标准”丛书由科学出版社正式出版。“标准”问世以来，得到了教育部、国家体育总局、上海市教委，以及相关运动项目协会、体育行业职业教学指导委员会的高度肯定和大力支持，对推动青少年的体育发展起到了积极的作用。

截至目前，全国已有16个省（自治区、直辖市）的9000余名体育工作者接受了“标准”考评员培训，已有27个省（自治区、直辖市）的300余家社会机构组织开展了“青少年运动技能等级标准”测评，参加社会化测试的青少年人数近万人，有力推动社会力量对青少年体育发展作出贡献。上海市中小学校自2018年将“标准”作为推进学校体育工作的重要抓手，全面开展针对青少年学生的运动技能等级测试以来，到2019年底共测试中小学生已超过10万人，测试结果对深入了解青少年学生运动技能掌握的实情、发现体育教学中存在的问题提供了有力参考。同时，针对体操、高尔夫球、羽毛球等项目，创新性地开展了比赛与测试相结合的标准等级赛，极大地激发了青少年参与比赛的热情，丰富了比赛的内涵，提升了青少年参与比赛的获得感，产生了良好的社会效益。

2018年12月，“标准”丛书获得了第27届上海市中小学、幼儿园优秀图书二等奖。2019年4月，“标准”丛书被列入上海市中小学、幼儿园图书馆（室）图书配置推荐目录。“标准”部分内容也在2019年被上海市初中教材《体育与健身》采纳，正式作为上海市初中生的体育课程学习内容。

“标准”在国内得到多方认可的同时，也受到了国际同行的关注。2019年4月出版的《青少年软式曲棍球运动等级标准与测试方法（中英文版）》得到了国际软式曲棍球联合会和亚洲大洋洲软式曲棍球联合会的认证，成为该项目的国际标准。这为“标准”在世界范围内的传播开了先河，彰显了我国青少年体育发展成果的国际影响力。

首批11个运动项目的“标准”出版后，引起了广大体育同行对青少年体育技能发展问题的关注，并积极投入到新“标准”的研制工作中。目前为止，上海体育学院、成都体育学院、沈阳体育学院、哈尔滨体育学院、南京体育学院、宁波大学、上海理工大学、东华大学等单位积极支持科研人员参与到新“标准”的研制中，先后正式出版了软式曲棍球、健美操、体育舞蹈、艺术体操、空竹、跳绳6个项目的“标准”用书。此外，攀岩、轮滑等10余个新兴和时尚运动项目也已纳入了研制和出版计划。

在首批“标准”的推广应用过程中，部分专家学者及广大使用者对进一步完善“标准”提出了非常宝贵的意见。研制组在对这些意见进行认真梳理和广泛讨论的基础上，决定开展对首批“标准”的完善和升级工作。经过近1年的努力，率先完成了足球、篮球、排球、羽毛球和高尔夫球5个项目的“标准”(第二版)工作。“标准”(第二版)主要有以下一些变化：

一是标齐等级难度。各项目研制组在基于前期测试的基础上，结合专家意见，尽可能标齐了不同项目同一等级的难度，增强了“标准”等级之间的可比性。

二是采用百分制。每一等级测试均采用百分制，提高了“标准”同一等级内的区分度，为中小学校利用“标准”开展学生体育学业评价提供方便。

三是提升测试效率。对部分之前测试较烦琐、耗时较长的科目进行了改进，简化了测试流程，增强了测试简便性，提升了测试效率。

四是提高严谨性。对各项目标准中存在的错误进行修订，对部分测试指标进行调整，并对第一版中的文字、图片和视频进一步完善。

在“标准”投入应用后，广大中小学体育教师、社会体育俱乐部教练对于如何指导青少年学练“标准”各等级测试动作产生了强烈需求。为此，各项目研制组针对各级测试的动作技术关键、易犯错误、教学步骤及学练方法等内容开展了教学指导用书的编写工作，以期“标准”能更好地为青少年体育实践服务。此外，各项目“标准”研制组积极开展人工智能测试工具的研发，为实现全程自动化测试奠定了基础。

不忘初心，方有正确航向。千锤百炼，才能永葆生机。希望通过不断的修订，能够提升“标准”的质量，打造出精品，为青少年的体育发展提供不竭动力。当然，由于研制者学识、能力和水平有限，“标准”丛书可能存在疏漏和不足之处，恳请各项目专家学者和实践应用者提出宝贵意见，以供进一步完善。

陈佩杰　唐　炎

2020年4月15日

# 第一版丛书序

2017年11月，国家体育总局、教育部、中央文明办、发展改革委、民政部、财政部和共青团中央7部门联合制定出台了《青少年体育活动促进计划》，明确提出“研究建立青少年运动技能等级评定标准”，并要求“各级教育部门应将运动技能等级纳入学生综合素质评价体系”。运动技能水平是衡量个体体育综合能力的关键指标，让青少年掌握1 ～ 2项运动技能是国家对青少年体育教育的基本要求。然而，如何客观有效地评判青少年运动技能的掌握水平，我们还缺乏一套行之有效的标准。毋庸讳言，当前运动技能等级标准的缺失已经成为制约青少年体育改革发展的主要因素。这对学校体育与健康课程改革的效果检验和深入推进、青少年体育素养水平评价的实施及社会性青少年体育培训的规范开展都造成了影响。因此，制定一套能展现运动项目特征、反映运动技能进阶规律、科学性强且便于测试的“青少年运动技能等级标准”（以下简称“标准”）已迫在眉睫。

2016年3月，上海体育学院组建了“标准”研制组开展相关工作。经过广泛的专题调研和充分的分析讨论后，研制组确立了四等十二级制的“标准”体系构架，并以“标准”指标能反映运动项目的实际运用能力、能反映个体运动技能水平的变化、能促进青少年运动参与的积极性、能与竞技体育运动等级标准有效衔接为基本思路，依托中国乒乓球学院强大的科研力量，以乒乓球运动技能等级标准的研制为突破口，以点带面地推进研制工作。2017年4月12日，研制组首先发布了《青少年乒乓球运动技能等级标准》（以下简称《乒乓球标准》）。《乒乓球标准》的发布得到了中国乒乓球协会与上海市教委相关领导、乒乓球界多位名宿与专家的高度肯定，国家体育总局官网、新华网、环球网等数十家媒体予以报道。在《乒乓球标准》成功发布的基础上，研制组进一步优化研制思路和路径。又历时1年，经过对9 000余名青少年进行测试和数十轮专家研讨，研制组先后完成了足球、篮球、排球、羽毛球、网球、高尔夫球、田径、体操、游泳、武术10个运动项目的“标准”研制工作。上海市学生体育协会对“标准”高度认可，并采纳其全部内容用于促进青少年学生体育活动的开展工作。同时，“标准”已作为行业主体在上海市质量技术监督局申请为"团体标准"。"标准"的正式出台对于推动青少年体育发展可以起到以下几方面的作用。第一,"标准"的体系构架能够实现普通青少年与精英运动员的运动技能水平评定的衔接,能够为体育管理部门掌握青少年运动技能等级分布情况、规划运动项目发展方向提供支撑。第二,"标准"的指标设计充分考虑到运动项目参与主体的获得感,青少年在每一阶段的进步均能通过等级的进阶得到证明,从而更好地激发和维持青少年积极参与运动的热情。第三,"标准"在对个体参与测试的资格上添加了运动经历的要素,要求被测者从进入"提高级"的测试开始,必须要具备相应的运动经历才能参与测试。这样的设置突出了"标准"作为评价工具的发展功能,能够避免青少年将技能等级提升与运动实践相割裂的弊端,从而更好地带动青少年积极运动。第四,"标准"指标体系的科学性及测试方法的便捷性能够为学校开展体育技能教学、评定学生体育技能水平提供技术支撑,能够为教育部门开展学生体育素养测评提供科学便捷的工具,更好地实践体育与健康课程的育人价值。第五,"标准"能够为各种青少年体育培训机构的培训质量提供明确的评价依据。当前,青少年体育培训机构虽然蓬勃发展,但也良莠不齐。评价培训质量的指标较多,而青少年运动技能水平的提升程度无疑才是评价培训质量优劣的重要参考。

从提出研制思路到最终成稿,上海市教委都给予了极大的支持与帮助。同时,上海体育学院国家社会科学基金重大项目《中国儿童青少年体育健身大数据平台建设研究》研究团队从项目设计开始,就将"标准"的研制作为主要的研究任务之一,并形成了专门的研究小组进行技术攻关。此外,各运动项目领域的诸多专家及协会、众多中小学学校及社会性体育培训机构也在本"标准"的研制过程中提供了大量帮助。在此,向所有为"标准"的研制工作贡献力量的人员表示衷心的感谢!

受制于学识的限制,"标准"肯定存在着诸多不完善的地方。因此,恳请广大专家学者以及应用"标准"的相关机构、组织及个人不吝赐教,多提宝贵意见,为"标准"的进一步完善提供真知灼见!

陈佩杰　唐　炎

2018年3月12日

# 编写说明

“青少年运动技能等级标准与测试方法”丛书的编写特点如下：

- **科学性强**　基于万余名青少年的测试数据，经过数十轮专家论证制定。各等级的测试科目基本涵盖该项运动的主要技术，体现运动项目的本质特征和运动技能的进阶规律。
- **客观性强**　研制过程中尽可能采用智能化的测试手段，能够有效避免主观因素影响。此外，还对各运动项目的测试场地、器材、设备、测试者及被测试者提出统一要求，从而保证不同测试基地间测量的可信度。
- **操作性强**　在保证科学性和客观性的基础上，力求各运动项目等级的测试方法更简单易行，耗时更少。
- **引领性强**　不同运动项目的相同等级难度设置基本对等，具有一定的层次性。从“提高级”开始，要求具备相应的运动经历，能够激发和维持青少年参与运动的热情。
- **贯通性强**　能与现行的《运动员技术等级标准》及高水平竞技运动等级标准有效衔接，从而实现普通青少年与运动精英在技能上的贯通。
- **直观性强**　各等级测试过程中的要点均辅以图片进行说明，且每项测试科目都配有示范内容的视频，通过扫描二维码，即可直观、便捷地了解测试内容与方法。

# 目 录

### 三级测试



### 四级测试



### 五级测试



### 六级测试



### 七级测试



### 八级测试



### 九级测试

# 青少年篮球运动技能等级标准与测试方法

篮球运动是一项普及程度高、健身价值大、参与人群广并深受人们喜爱的同场对抗性项目。为了帮助青少年掌握1～2项运动技能，促进青少年健康成长，同时也为了服务于篮球运动的良好发展，特制定“青少年篮球运动技能等级标准”（以下简称“标准”）。“标准”在整体上采用四等十二级制，测试内容涵盖篮球进攻基本技术中运、传、突、投、篮板球这五项。其中，一～三级为入门级，四～六级为提高级，七～九级为专业级，十～十二级为精英级。本“标准”仅针对一～九级，预留十～十二级与高水平运动员等级相衔接。

# 测试场地、器材、设备及人员配备要求

## 场地

1. 标准篮球场地

测试场地应为国际篮球联合会(Fédération Internationale de Basketball, FIBA)标准篮球场,球场的表面应是平整坚实,无障碍物。长28米,宽15米,天花板及最低障碍物的高度不低于7米。篮筐高度3.05米,篮板下沿离地面2.9米。场地四周最近的障碍物,距离边线不得少于2米,篮架及场地周围的硬物必须有海绵体包裹,作为防护。

2. 小篮球场地

小篮球场地适用于10岁及以下的儿童。测试场地应为2017年中国篮球协会颁布的《小篮球规则》中的标准场地,长28米,宽15米,罚球线离端线的距离4.85米,离篮板的距离4米,罚球站位区间隔0.85米,站位区距离端线1.4米,中圈直径3.6米(见下图),也可以采用FIBA标准篮球场的半场。球场的表面应平整坚实无障碍物,天花板及最低障碍物的高度不低于5米。篮筐高度2.60米,篮板下沿离地面2.3米。场地四周最近的障碍物,距离边线不得少于2米,篮架及场地周围的硬物必须有海绵体包裹,作为防护。

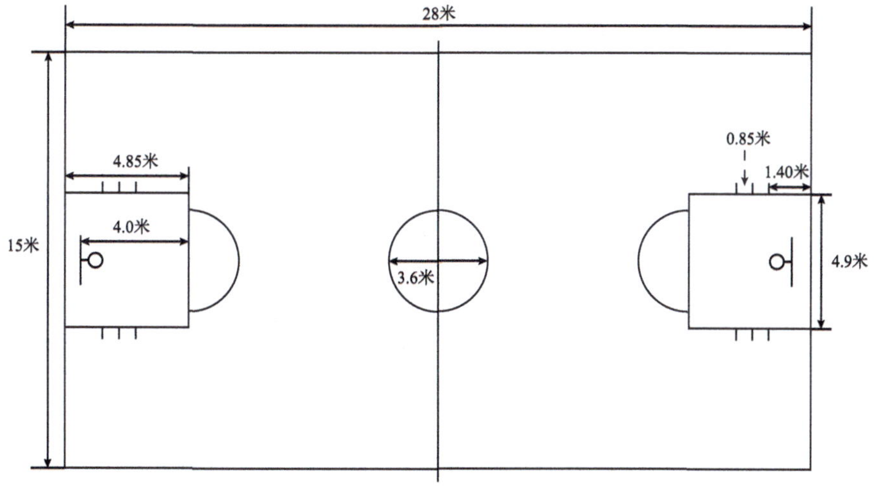


小篮球场地尺寸图

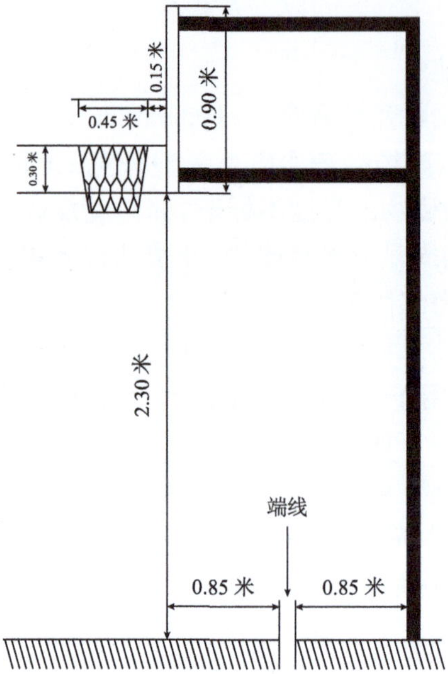


小篮球篮架尺寸图

## 器材

篮架、篮板及球篮应为2017年中国篮球协会颁布的《小篮球规则》中10岁及以下儿童所用的标准尺寸。篮板高度为0.9米，根据《小篮球规则》也可用FIBA标准篮板。球篮直径为0.45米，球篮离篮板下沿的距离为0.3米，篮板下沿离地面的距离为2.3米，篮架底座前沿离端线的距离为0.85米，篮板投影到地面的点与端线的距离为0.85米。

12岁以上男生用标准7号球，12岁以上女生用标准6号球；9 ～ 12岁男、女生用标准5号球；8岁及以下男、女生用标准4号球。每一规格的篮球至少2个，1个测试用，其余备用。计时采用“标准”专用计时器或秒表2个，秒表必须是田径比赛裁判专用秒表。篮球裁判专用哨2个。测试用障碍物若干，根据各级别的需要，配备障碍物数量。障碍物可采用“标准”专用感应障碍物，也可用普通障碍物，但必须是橡胶、硅胶等软材质。七～九级测试可用助考或者“标准”专用传球机。

## 设备

医用急救包1套，全程录像设备1套；专用电脑2台，配备网络接口，并保证网络畅通。

## 人员

考官：至少2名。

助考：若干名（根据测试规模配备）。

其他考务人员：若干名（根据测试规模配备）。

经过标准委员会认可的智能化测试器材设备，可辅助、替代或部分替代人工测试。

# 测试的总体要求

## 测试规则

被测试者首次申请测试可以从任一等级开始，但应对自己的水平有一定的预估。首次测试通过后方可申请高一等级的测试，不通过者须至少降一等级重新申请。10岁及以下的被测试者只能申请一～三级。

测试过程中的裁判标准，以FIBA篮球规则为准则。测试的基本技术动作要求以本“标准”规定为准。如出现违例或技术动作错误等情况时，测试考官会鸣哨中止测试，被测试者可以从起点重新开始测试。每位被测试者有两次测试机会。

## 被测试者要求

被测试者必须身着篮球服、篮球鞋或其他运动服、运动鞋参加测试，必须进行充分的热身和准备活动后方可参加测试。

从四级开始，要求被测试者应具有一定的比赛经历。申请四～六级的被测试者须参加过县级及以上政府相关部门主办的比赛，或者以“标准杯”冠名的相应级别比赛，或者经“标准”委员会认定的比赛。申请七～九级的被测试者须参加过地市级及以上政府相关部门主办的比赛，或以“标准杯”冠名的相应级别比赛，或者经“标准”委员会认定的比赛。

## 考官要求

考官及助考必须身着专用测试服或运动服参加测试。测试前考官必须认真检查测试场地、器材及设备，提醒被测试者做好充分的准备活动。

考官资质：取得国家篮球一级及以上裁判员称号者或经“标准”委员会认定的考官。主要包括：体育院校篮球专职教师，且达到讲师及以上职称者；体育系统篮球教练员；中小学篮球队专项教师或校队教练，且达到中级及以上职称者。所有考官均应无不良执裁记录。

助考资质：取得国家篮球二级及以上运动员称号者或经“标准”委员会认定具备资质者。主要包括：获得本“标准”六级及以上等级证书者，体育教育、运动训练专业篮球专项优秀学生等。

## 测试点要求

测试点必须保持场地干净、整洁、卫生、明亮，无易造成伤害事故的坚硬物体或其他安全隐患，必须有安全出口和紧急疏散通道。整个测试过程须全程录像。

# 各等级<br>测试科目

各等级测试科目

| 等级 | 科目 |
| --- | --- |
| 一级 | 半场跑篮 |
| 二级 | 左右手半场跑篮 |
| 三级 | 体前变向跑篮 |
| 四级 | 全场运球变向行进间低手投篮 |
| 五级 | 罚篮、全场运球变向行进间低手投篮 |
| 六级 | 全场多种变向运球勾手上篮、跳投 |
| 七级 | 传接球跑篮、交叉步突破跳投 |
| 八级 | 传接球顺步突破跳投、3分球 |
| 九级 | 3分球、冲抢篮板、传接球跑篮、运球突破、持球突破、跳投 |

注：为更加贴合篮球训练中专业术语的表述，本“标准”中采用“上篮”和“跑篮”表示行进间投篮技术。

# 一级测试

# 科目：半场跑篮

## 测试方法

1. 听到考官计时哨声后，被测试者从右侧中线后出发，按照规定的线路运球跑篮，如跑篮未进需补篮，直到投进为止。

2. 抢到篮板球后，运球至左侧中线转身区，踩中线后，转身继续运球跑篮，如跑篮未进需补篮。补篮不中，直至测试评分表的最低标准时间，测试终止。

3. 进球后回到起点，计时结束，完成测试。

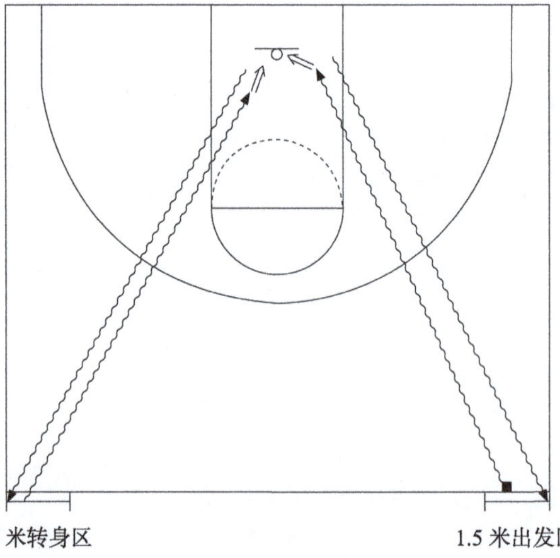


一级测试路线图

## 测试要求

被测试者必须按照规定路线完成运球跑篮技术动作，运球左右手不限，跑篮左右手不限，补篮左右手不限，跑篮的投篮手法为高手投篮。

## 要点图示及说明

一级测试

● 必须从右侧中线的指定区域出发

● 踩中线指定区域后方可返回

● 两次运球跑篮左右手不限

● 运球跑篮必须采用高手投篮

# 达标标准

根据测试评分表（见下表），得分为60分及以上则该等级达标。

一级测试评分表

| 得分（分） | 男生（秒） | 女生（秒） | 小篮球（秒） |
|---|---|---|---|
| 100 | 19.0 | 19.5 | 24.0 |
| 95 | 19.2 | 19.7 | 24.2 |
| 90 | 19.4 | 19.9 | 24.4 |
| 85 | 19.8 | 20.3 | 24.6 |
| 80 | 20.0 | 20.5 | 24.8 |
| 75 | 20.2 | 20.7 | 25.0 |
| 70 | 20.6 | 21.1 | 25.4 |
| 65 | 20.8 | 21.3 | 25.6 |
| 60 | 21.0 | 21.5 | 25.8 |
| 50 | 21.4 | 21.8 | 26.2 |
| 40 | 21.7 | 22.1 | 26.5 |
| 30 | 22.0 | 22.4 | 26.8 |
| 20 | 22.3 | 22.7 | 27.1 |
| 10 | 22.6 | 23.0 | 27.4 |

注：小篮球项目测试不分性别。

# 二级测试

# 科目：左右手半场跑篮

**测试方法**

1. 听到考官计时哨声后，被测试者从右侧中线后出发区出发，右手运球跑篮，如跑篮未进需补篮，直到投进为止。

2. 抢到篮板球后，右手运球跑至左侧中线转身区，踩中线后，转身并换左手运球跑篮，如跑篮未进需补篮。补篮不中，直至测试评分表的最低标准时间，测试终止。

3. 进球后左手运球回到起点，计时结束，完成测试。

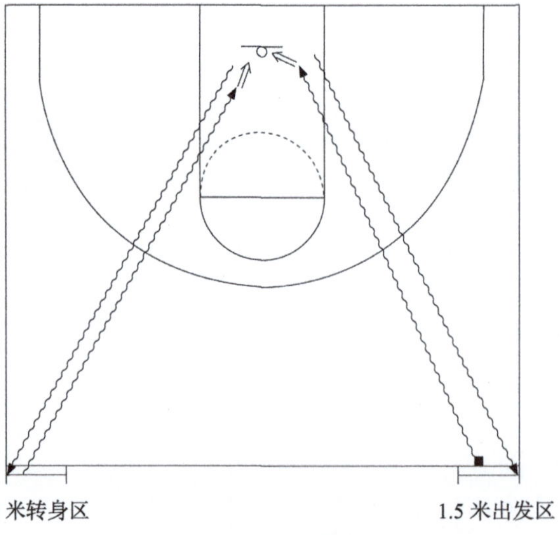


二级测试路线图

**测试要求**

被测试者必须按照规定路线完成运球跑篮，右侧跑篮必须右手运球、右手投篮、右手补篮，左侧跑篮必须左手运球、左手投篮、左手补篮，不允许随意换手。跑篮的投篮手法为高手投篮。

## 要点图示及说明

二级测试

● 必须从右侧中线的指定区域出发

● 踩中线指定区域后方可返回

● 踩中线后返回必须用左手运球跑篮

● 左右手运球跑篮必须采用高手投篮

# 达标标准

根据测试评分表（见下表），得分为60分及以上则该等级达标。

二级测试评分表

| 得分（分） | 男生（秒） | 女生（秒） | 小篮球（秒） |
|---|---|---|---|
| 100 | 19.0 | 19.5 | 24.0 |
| 95 | 19.2 | 19.7 | 24.2 |
| 90 | 19.4 | 19.9 | 24.4 |
| 85 | 19.8 | 20.3 | 24.6 |
| 80 | 20.0 | 20.5 | 24.8 |
| 75 | 20.2 | 20.7 | 25.0 |
| 70 | 20.6 | 21.1 | 25.4 |
| 65 | 20.8 | 21.3 | 25.6 |
| 60 | 21.0 | 21.5 | 25.8 |
| 50 | 21.4 | 21.8 | 26.2 |
| 40 | 21.7 | 22.1 | 26.5 |
| 30 | 22.0 | 22.4 | 26.8 |
| 20 | 22.3 | 22.7 | 27.1 |
| 10 | 22.6 | 23.0 | 27.4 |

注：小篮球项目测试不分性别。

# 三级测试

# 科目：体前变向跑篮

## 测试方法

1. 听到考官计时哨声后，被测试者从右侧中线后出发区出发，左手运球至1号障碍物做体前变向。

2. 右手运球跑篮，如跑篮未进需补篮，直到投进为止。

3. 抢到篮板球后，右手运球跑至左侧中线转身区，转身后右手运球至2号障碍物做体前变向。

4. 左手运球跑篮，如跑篮未进需补篮。补篮不中，直至测试评分表的最低标准时间，测试终止。

5. 进球后左手运球回到起点，计时结束，完成测试。

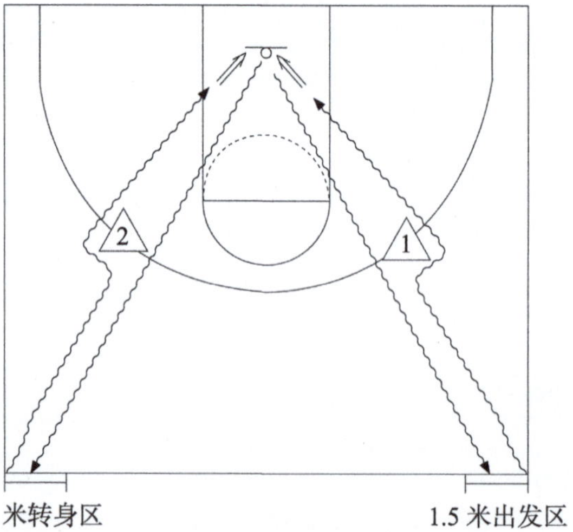


三级测试路线图

## 测试要求

被测试者必须按照规定路线完成运球体前变向跑篮技术动作，右侧必须是左手运球至障碍物的指定区域做体前变向，然后用右手运球跑篮，左侧必须是右手运球至障碍物的指定区域做体前变向，然后左手运球跑篮，补篮时左侧必须是左手，右侧必须是右手，不允许随意换手。行进间跑篮的投篮手法为高手投篮。

## 要点图示及说明

三级测试

- 必须从右侧中线的指定区域左手运球出发

- 在1号障碍物前做体前变向，换至右手运球跑篮

- 踩中线转身后，继续用右手运球

- 在2号障碍物前做体前变向，换至左手运球跑篮

- 投篮结束后必须用左手运球回到起点

- 左右手运球跑篮必须采用高手投篮

# 达 标 标 准

根据测试评分表(见下表),得分为60分及以上则该等级达标。

三级测试评分表

| 得分(分) | 男生(秒) | 女生(秒) | 小篮球(秒) |
|---|---|---|---|
| 100 | 20.0 | 21.5 | 24.4 |
| 95 | 20.2 | 21.7 | 24.6 |
| 90 | 20.4 | 21.9 | 24.8 |
| 85 | 20.8 | 22.3 | 25.2 |
| 80 | 21.0 | 22.5 | 25.4 |
| 75 | 21.2 | 22.7 | 25.6 |
| 70 | 21.6 | 23.1 | 26.0 |
| 65 | 21.8 | 23.3 | 26.2 |
| 60 | 22.0 | 23.5 | 26.4 |
| 50 | 22.4 | 23.8 | 26.8 |
| 40 | 22.7 | 24.1 | 27.1 |
| 30 | 23.0 | 24.4 | 27.4 |
| 20 | 23.3 | 24.7 | 27.7 |
| 10 | 23.6 | 25.0 | 28.0 |

注:小篮球项目测试不分性别。

# 四级测试

# 科目：全场运球变向行进间低手投篮

## 测试方法

1. 听到考官计时哨声后，被测试者从右侧底线后出发区出发，右手运球至1号障碍物做背后变向，换左手运球至2号障碍物做胯下变向，换右手运球跑篮，如跑篮未进需补篮，直到投进为止。

2. 抢到篮板球后，右手运球至3号障碍物做胯下变向，换左手运球至4号障碍物做背后变向，换右手运球跑篮，如跑篮未进需补篮，直到投进为止。

3. 抢到篮板球后，左手运球至4号障碍物做背后变向，换右手运球至3号障碍物做胯下变向，换左手运球跑篮，如跑篮未进需补篮，直到投进为止。

4. 抢到篮板球后，左手运球至2号障碍物做胯下变向，换右手运球至1号障碍物做背后变向，换左手运球跑篮。如跑篮未进需补篮，补篮不中，直

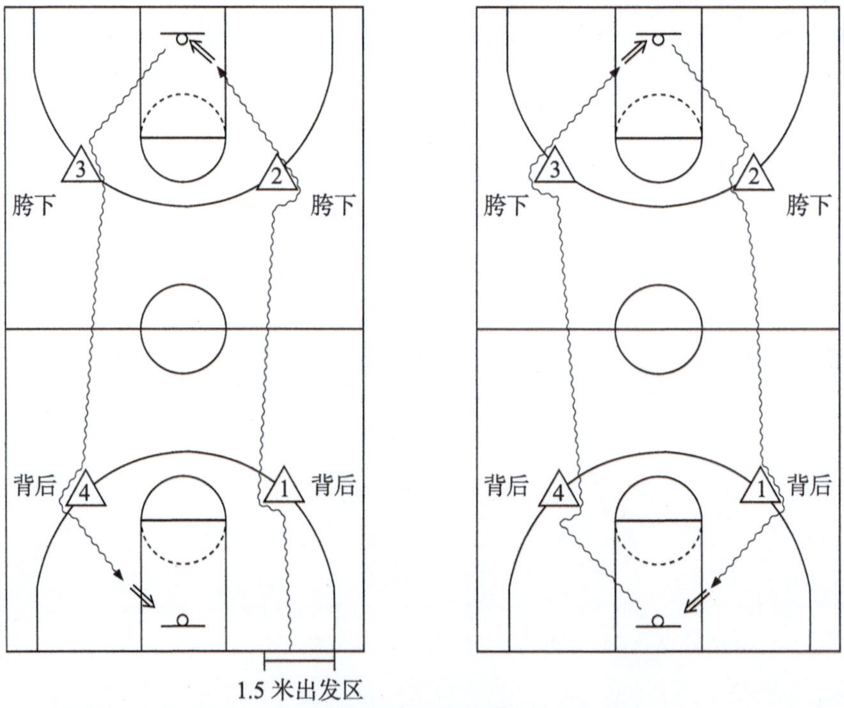


四级测试路线图

至测试评分表的最低标准时间，测试终止。

5. 补篮时要求左侧必须用左手，右侧必须用右手，投进后计时结束，完成测试。在完成测试过程中按规定手运球，不允许随意换手。

## 测试要求

被测试者必须按照规定路线完成背后、胯下变向运球跑篮技术动作，右侧必须是左手变向至右手，然后完成跑篮，左侧必须是右手变向至左手，然后完成跑篮。跑篮的投篮手法为低手投篮。

## 要点图示及说明

四级测试

● 必须从底线指定区域出发

● 右手运球背后变向换左手

● 左手运球胯下变向换右手

● 右手运球胯下变向换左手

● 左手运球背后变向换右手

● 左右手运球跑篮必须采用低手投篮

# 达 标 标 准

根据测试评分表（见下表），得分为60分及以上则该等级达标。

四级测试评分表

| 得分（分） | 男生（秒） | 女生（秒） |
|---|---|---|
| 100 | 41.2 | 43.7 |
| 95 | 41.4 | 43.9 |
| 90 | 41.6 | 44.1 |
| 85 | 42.0 | 44.5 |
| 80 | 42.2 | 44.7 |
| 75 | 42.4 | 44.9 |
| 70 | 42.8 | 45.3 |
| 65 | 43.0 | 45.5 |
| 60 | 43.2 | 45.7 |
| 50 | 43.6 | 46.1 |
| 40 | 43.9 | 46.4 |
| 30 | 44.2 | 46.7 |
| 20 | 44.5 | 47.0 |
| 10 | 44.8 | 47.3 |

# 五级测试

# 科目：罚篮、全场运球变向行进间低手投篮

## 测试方法

1. 听到考官计时哨声后，被测试者先从罚球开始。罚篮不中，直至测试评分表的最低标准时间，测试终止。

2. 罚中后，右手运球至1号障碍物做胯下变向，换左手运球至2号障碍物做后转身上篮，如跑篮未进需补篮，直到投进为止。

3. 抢到篮板球后，右手运球至3号障碍物做后转身，换左手运球至4号障碍物做胯下变向上篮，如跑篮未进需补篮，直到投进为止。

4. 抢到篮板球后，左手运球至4号障碍物做胯下变向，换右手运球至3号障碍物后转身上篮，如跑篮未进需补篮，直到投进为止。

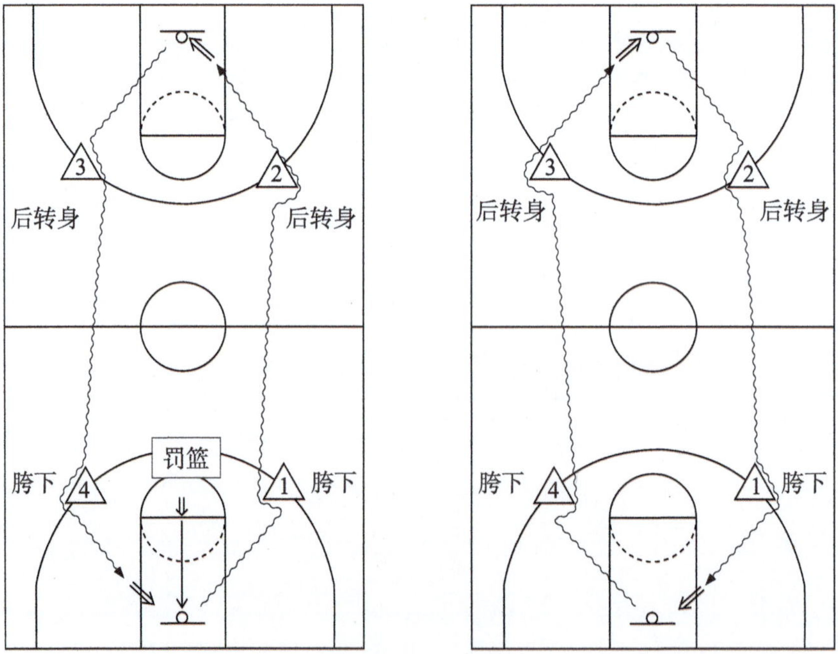


五级测试路线图

5. 抢到篮板球后，左手运球至2号障碍物做后转身，换右手运球至1号障碍物做胯下变向上篮。如跑篮未进需补篮，补篮不中，直至测试评分表的最低标准时间，测试终止。

6. 补篮时要求左侧必须用左手，右侧必须用右手，投进后计时结束，完成测试。在完成测试过程中按规定手运球，不允许随意换手。

## 测试要求

被测试者必须按照规定路线完成胯下变向、后转身运球跑篮技术动作，右侧必须是左手变向至右手，然后完成跑篮，左侧必须是右手变向至左手，然后完成跑篮。跑篮的投篮手法为低手上篮。

## 要点图示及说明

五级测试

罚球

右手运球胯下变向换左手

● 左手运球后转身换右手

● 左手运球胯下变向换右手

● 右手运球后转身换左手

● 左右手运球跑篮必须采用低手投篮

# 达 标 标 准

根据测试评分表（见下表），得分为60分及以上则该等级达标。

五级测试评分表

| 得分（分） | 男生（秒） | 女生（秒） |
|---|---|---|
| 100 | 43.3 | 47.6 |
| 95 | 43.5 | 47.8 |
| 90 | 43.7 | 48.0 |
| 85 | 44.1 | 48.4 |
| 80 | 44.3 | 48.6 |
| 75 | 44.5 | 48.8 |
| 70 | 44.9 | 49.2 |
| 65 | 45.1 | 49.4 |
| 60 | 45.3 | 49.6 |
| 50 | 45.7 | 50.0 |
| 40 | 46.0 | 50.3 |
| 30 | 46.3 | 50.6 |
| 20 | 46.6 | 50.9 |
| 10 | 46.9 | 51.2 |

# 六级测试

# 科目：全场多种变向运球勾手上篮、跳投

## 测试方法

1. 听到考官计时哨声后，被测试者从底线正中出发区出发，右手运球至1号障碍物做背后变向，换左手运球至2号障碍物做后转身，换右手运球至3号障碍物做胯下变向，然后左手运球到左侧完成行进间勾手投篮，如跑篮未进需补篮，补篮必须用左手勾手投篮，直到投进为止。

2. 抢到篮板球后，左手运球至3号障碍物做背后变向，换右手运球至2号障碍物做后转身，换左手运球至1号障碍物做胯下变向，然后右手运球到右侧完成行进间勾手投篮，如跑篮未进需补篮，补篮必须用右手勾手投篮，直到投进为止。

3. 球进后同样的路线再重复一次，区别是将左右手行进间勾手投篮换做3秒限制区以外的中距离跳投，跳投位置不限，投篮手不限。终点球投进后，计时结束，完成测试。补篮不中，直至测试评分表的最低标准时间，测试终止。在完成测试过程中按规定手运球，不允许随意换手。

## 测试要求

被测试者必须按照规定路线完成全场多种变向运球跑篮、跳投。在指定地点变向后必须按照规定方向换手，然后完成跑篮或跳投。行进间投篮必须用勾手，跳投出手时，投篮位置必须在3秒限制区以外，投篮手不限。

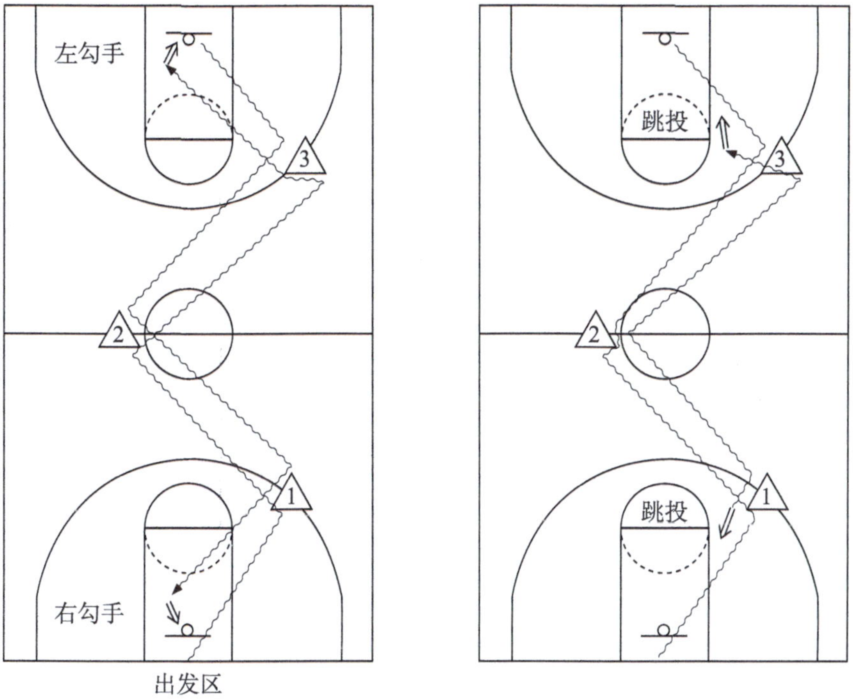


六级测试路线图

## 要点图示及说明

六级测试

● 底线后正中指定区域出发

● 右手运球出发

● 右手胯下变向换左手勾手投篮

● 左手胯下变向换右手勾手投篮

● 左手胯下变向换右手，限制区外急停跳投

# 达 标 标 准

根据测试评分表（见下表），得分为60分及以上则该等级达标。

六级测试评分表

| 得分（分） | 男生（秒） | 女生（秒） |
|---|---|---|
| 100 | 41.2 | 56.6 |
| 95 | 41.4 | 56.8 |
| 90 | 41.6 | 57.0 |
| 85 | 42.0 | 57.4 |
| 80 | 42.2 | 57.6 |
| 75 | 42.4 | 57.8 |
| 70 | 42.8 | 58.2 |
| 65 | 43.0 | 58.4 |
| 60 | 51.1 | 58.6 |
| 50 | 51.5 | 59.0 |
| 40 | 51.8 | 59.3 |
| 30 | 52.1 | 59.6 |
| 20 | 52.4 | 59.9 |
| 10 | 52.7 | 60.2 |

# 七级测试

# 科目：传接球跑篮、交叉步突破跳投

**测试方法**

1. 听到考官计时哨声后，被测试者从底线出发区出发，先将球传给①（助考或传球机），迅速跑动接回传球，然后再传给②，迅速跑动接回传球，最后传球给③，接回传球直接上篮。如跑篮未进需补篮，直到投进为止。

2. 将球投中后，抢到篮板球，直接将球传给③，从场地的另一边迅速返回，接③的回传球后，将球传给②，迅速跑动接回传球，最后传给①。

3. 至1号障碍物前接①的回传球做跳步急停，然后交叉步突破，只能运一次球，完成中距离急停跳投，如果投篮未中，在3秒限制区以外的任意

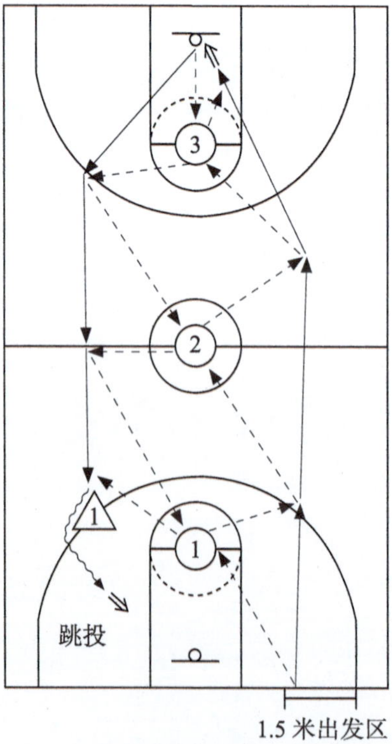


七级测试路线图

区域补篮，补篮手不限。终点球投进后，计时结束，完成测试。补篮不中，直至测试评分表的最低标准时间，测试终止。测试过程中出现被测试者的传、接球失误，测试终止。

## 测试要求

被测试者必须了解行进路线和传接球、跳投技术要求。接回传球上篮时不允许运球调整，需要直接完成接球上篮。在障碍物前必须做跳步急停，持球突破必须采用交叉步突破，突破后只能运一次球完成跳投。突破方向和投篮手不限。①～③的位置在罚球线和中线的中间。

## 要点图示及说明

七级测试

● 必须从底线指定区域出发

● 接③的回传球直接上篮，不允许运球调整

● 跳步急停

● 交叉步突破，运一次球急停跳投

# 达标标准

根据测试评分表(见下表),得分为60分及以上则该等级达标。

七级测试评分表

| 得分(分) | 男生(秒) | 女生(秒) |
|---|---|---|
| 100 | 16.6 | 17.0 |
| 95 | 16.8 | 17.2 |
| 90 | 17.0 | 17.4 |
| 85 | 17.4 | 17.8 |
| 80 | 17.6 | 18.0 |
| 75 | 17.8 | 18.2 |
| 70 | 18.2 | 18.6 |
| 65 | 18.4 | 18.8 |
| 60 | 18.6 | 19.0 |
| 50 | 19.0 | 19.4 |
| 40 | 19.3 | 19.7 |
| 30 | 19.6 | 20.0 |
| 20 | 19.9 | 20.3 |
| 10 | 20.2 | 20.6 |

# 八级测试

# 科目：传接球顺步突破跳投、3分球

## 测试方法

1. 听到考官计时哨声后，被测试者从底线出发区出发，先将球传给①，迅速跑动接回传球，不允许运球直接长传球给②。

2. 迅速跑动至1号障碍物接②的回传球做跳步急停，然后顺步突破，只能运一次球，完成中距离急停跳投，如投篮未中，在3秒限制区以外的任意区域补篮，直到投进为止。

3. 投中之后，抢到篮板球直接传给③，迅速跑动接回传球，不允许运球直接长传球给④。

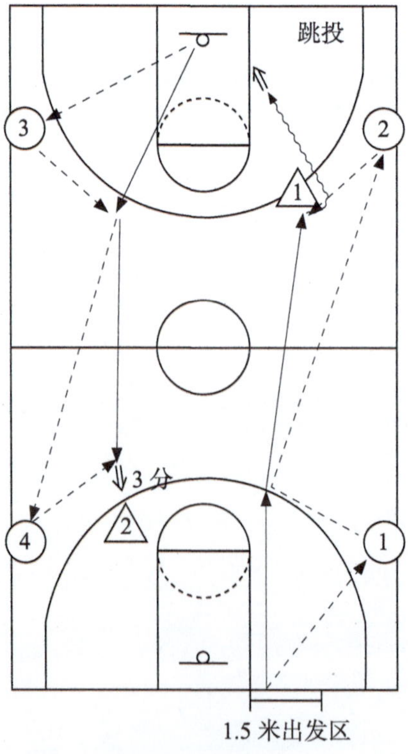


八级测试路线图

4. 至2号障碍物接④的回传球完成3分投篮，如投篮未中，抢到篮板球后，在3分线以外的任意区域补篮。终点球投进后计时结束，完成测试。补篮不中，直至测试评分表的最低标准时间，测试终止。测试过程中出现被测试者的传、接球失误，测试终止。

## 测试要求

被测试者必须了解行进路线和传接球、跳投、3分球等技术要求。长传球之前不允许运球，在障碍物前必须做跳步急停，持球突破必须是顺步突破。突破后只能运一次球完成跳投。突破方向和投篮手不限。3分球未中，必须在3分线外补篮，直至测试评分表的最低标准时间，测试终止。①～④的位置在罚球线延长线靠近同侧边线的位置。

## 要点图示及说明

八级测试

● 必须从底线指定区域出发

● 跳步急停

● 顺步突破，运一次球急停跳投

● 接④的回传球完成远投3分，不允许运球调整

# 达 标 标 准

根据测试评分表(见下表),得分为60分及以上则该等级达标。

八级测试评分表

| 得分(分) | 男生(秒) | 女生(秒) |
|---|---|---|
| 100 | 21.6 | 22.8 |
| 95 | 21.8 | 23.0 |
| 90 | 22.0 | 23.2 |
| 85 | 22.4 | 23.6 |
| 80 | 22.6 | 23.8 |
| 75 | 22.8 | 24.0 |
| 70 | 23.2 | 24.4 |
| 65 | 23.4 | 24.6 |
| 60 | 23.6 | 24.8 |
| 50 | 24.0 | 25.2 |
| 40 | 24.3 | 25.5 |
| 30 | 24.6 | 25.8 |
| 20 | 24.9 | 26.1 |
| 10 | 25.2 | 26.4 |

# 九级测试

# 科目：3分球、冲抢篮板、传接球跑篮、运球突破、持球突破、跳投

**测试方法**

1. 听到考官计时哨声后，被测试者从3分线外的任意一点开始投篮。3分球未中，必须在3分线外补篮，直至测试评分表的最低标准时间，测试终止。

2. 投中后抢到篮板球传给①，迅速跑动接回传球，不允许运球，直接长传球给②，迅速跑动接②的回传球跑篮。如跑篮未进需补篮，直到投进为止。

3. 进球后迅速抢篮板，运球至1号障碍物，选择除体前变向以外的任意一种运球变向突破动作，突破1号障碍物。

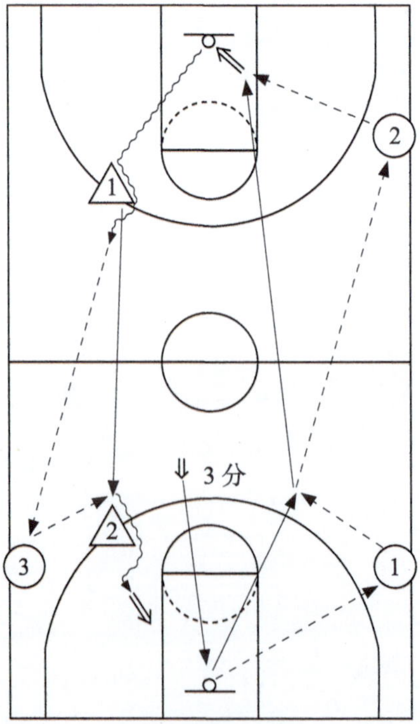


九级测试路线图

4. 运球突破完成后，在后场将球传给③，至2号障碍物接③的回传球做跳步急停，然后选择交叉步或顺步持球突破动作，但只能运一次球，完成中距离急停跳投。

5. 如果投篮未中，在3秒限制区以外的任意区域补篮，补篮左右手不限。投中后，计时结束，完成测试。补篮不中，直至测试评分表的最低标准时间，测试终止。

## 测试要求

被测试者必须了解行进路线和3分球、冲抢篮板、传接球、运球、跳投技术要求。计时开始后3分球未中，必须在3分线外补篮，直至测试评分表的最低标准时间，测试终止。长传球之前不允许运球，至1号障碍物可选择除了体前变向以外的任意一种运球变向突破动作。在2号障碍物前急停、持球突破可选择交叉步或顺步突破技术，但突破后只能运一次球完成跳投。突破方向和投篮手不限。①～③的位置在罚球线延长线靠近同侧边线的位置。

## 要点图示及说明

九级测试

● 3分球投篮

● 接②的回传球跑篮，不允许运球调整

● 运球至1号障碍物，选择除体前变向以外的任意一种运球变向突破动作，突破1号障碍物

在后场长传球给③

跳步急停

持球突破，运一次球急停跳投

# 达标标准

根据测试评分表(见下表),得分为60分及以上则该等级达标。

九级测试评分表

| 得分(分) | 男生(秒) | 女生(秒) |
|---|---|---|
| 100 | 20.2 | 23.4 |
| 95 | 20.4 | 23.6 |
| 90 | 20.6 | 23.8 |
| 85 | 21.0 | 24.2 |
| 80 | 21.2 | 24.4 |
| 75 | 21.4 | 24.6 |
| 70 | 21.8 | 25.0 |
| 65 | 22.0 | 25.2 |
| 60 | 22.2 | 25.4 |
| 50 | 22.6 | 25.8 |
| 40 | 22.9 | 26.1 |
| 30 | 23.2 | 26.4 |
| 20 | 23.5 | 26.7 |
| 10 | 23.8 | 27.0 |